¡Ven a mí!

Este libro le pertenece a

_____

Nombre

Escrito por Dra. Rosita Cantu
Ilustrado por Carlos Lemos
Traducido por David Eugenio Hunt

¡Ven a mí!

Puede hacer pedidos de libros de WestBow Press en librerías o poniéndose en contacto con:

WestBow Press
A Division of Thomas Nelson & Zondervan
1663 Liberty Drive
Bloomington, IN 47403
www.westbowpress.com
844-714-3454

David Eugenio Hunt, Translator

Credito por Imagenes Interior: Carlos Lemos

ISBN: 978-1-6642-7990-2 (tapa blanda)
ISBN: 978-1-6642-7989-6 (libro electrónico)

Número de Control de la Biblioteca del Congreso: 2022918459

Información sobre impresión disponible en la última página.

Fecha de revisión de WestBow Press: 10/21/2022

WESTBOW
PRESS®
A DIVISION OF THOMAS NELSON
& ZONDERVAN

¡Gracias!

Carlos Lemos, Ilustrador

David Eugenio Hunt, Traductor

Silvia Espinosa, ED.S, LPC
Beyond Healing Center
Springfield, Missouri

Ms. Vonita Kelly, LPC, NCC
Christian Counseling Center
Springfield, Missouri

Anna Pageler
Kid's Pastor
Passion A/G Church
Springfield, Missouri

Dr. George Cantu, Consultor

Una nota para ti

Bienvenido a "¡Ven a mí!" Este nuevo libro acerca del dolor de los niños fue escrito para ayudarte a tratar con tus dolores. No es fácil y tampoco lo debes hacer sin alguien que te ayude. Alguien que te cuida o un Pastor de niños o un consejero te puede guiar.

Es un honor escribir este libro para ti. Si has perdido tu mamá o papá, abuela o abuelo o alguien más por Covid o por otra razón, estoy triste junto contigo. ¡No estás solo! ¡No estás sola! Jesucristo te ama.

Hay cuatro secciones que te ayudarán en este libro:

#1 ¿Qué pasó?
#2 Los cambios
#3 Los sentimientos
#4 Has llegado al consuelo de tus dolores

Por favor, escribe tu nombre en este libro. Usa marcadores, lápices, lapiceros, plumas o crayolas para completar las actividades. Es tu libro, así que ¡ponte creativo!

Este libro lo dedico a ti.

Jesucristo te da la bienvenida

En la Biblia la gente trae niños a Jesús, pero Sus discípulos no están de acuerdo (Mateo 19:13).[1] Jesucristo recibe los niños. Él dice: "Dejen que los niños vengan a mí" (V. 14). También dice Él: "Porque el Reino de los Cielos es de quienes son como ellos" (V. 14b). Tener fe como un niño se requiere para entrar en el cielo. Entonces Jesús puso sus manos sobre los niños para orar por ellos y bendecirlos (V. 13, 15).

[1] . A menos que se mencione otra versión, todas las citas bíblicas son de la Nueva Versión Internacional.

#1 ¿Qué pasó?

Quiero contarte una historia acerca de la vida de Jesucristo. Él nació con José y María en Belén (Lucas 2:4). Sus padres lo dedicaron en el templo (v. 21). Cuando cumplió doce años, sus padres lo llevaron a Jerusalén para la Pascua (v. 41). Cuando Jesucristo creció, ya no estaba José. ¿Qué pasó? Su padre en esta tierra murió. Su cuerpo dejó de funcionar. Jesucristo sabe cómo se siente perder alguien que amamos.

Al revés

"Mi mundo parece al revés".
¿Estas palabras te describen a ti y lo
que te ha pasado? Jesucristo se preocupa
por una mujer con solo un hijo porque él se
murió. El mundo de ella está al revés; ya no
tiene ni esposo ni hijo (Lucas 7:11-12). Jesucristo
ve a esta madre y le dice que no siga llorando
(7:13). Entonces Él le dice al hijo que se levante,
¡y lo hace! (7:14-15). Abajo puedes ver dos mundos.
En el segundo mundo se ve una familia al revés. En el
primer mundo, dibuja tu familia con las cabezas arriba.

¿Se preocupa Dios por mí?

¡Sí! Dios sí se preocupa por ti. Dios te ama. Es más, Él quiere ser tu Padre Celestial. Él es "padre de los huérfanos" (Salmo 68:5). Esto quiere decir que, si no tienes padre, Dios es tu padre. "Yo seré un padre para ustedes, y ustedes serán mis hijos y mis hijas, dice el Señor todopoderoso" (2 Corintios 6:18). Puedes encontrar ánimo porque Dios es tu Padre Celestial. Colorea la foto debajo de estas palabras.

En tus propias palabras, escribe lo que pasó. Al escribir, piensa en las cinco preguntas:
¿Quién?, ¿Qué?, ¿Cuándo?, ¿Dónde? y ¿Por qué?

#2 Cambios

Tu Padre Celestial sabe lo que te pasó. Él entiende los cambios que estás pasando. Jesucristo también vivió un gran cambio. Su padre en esta tierra, José, ya no se encuentra mientras Jesucristo está haciendo el trabajo de Dios (Marcos 3:31-33; Juan 19:25-27). Los cambios no son fáciles. Dibuja o pega una foto para recordarte de tu papá o mamá, abuelo o abuelita, u otra persona. Pon decoraciones de brillantina o calcomanías en el marco de la foto.

No estás solo. No estás sola.

La madre y los hermanos de Jesucristo vinieron a buscarlo cuando Él estaba trabajando por Dios (Mateo 13:53-57). Él es un miembro de la familia. Él no está solo. ¿Tienes tú hermanos o hermanas, primos, una tía o un tío, o alguien que te cuida? Dibuja o pega sus fotos en el marco color plata y después pon decoraciones en el marco.

Nueva casa, nueva escuela, nuevos amigos. Vamos a escribir acerca de ellos.

Dirección: _____

_____

Nombre de la escuela: _____

Nombres de amigos: _____

Dibuja un mapa desde tu casa, cómo llegas a la escuela y te ves con tus amigos.

¿Qué te gustaría decir acerca de todos estos cambios?

_____

_____

_____

_____

_____

_____

_____

_____

_____

_____

#3 ¿Cómo me siento?

Jesucristo expresó sus sentimientos en la Biblia. Él se enojó cuando la casa de su Padre Dios se usó para vender animales (Juan 2:12-19). Cuando Lázaro, el amigo de Jesucristo, murió, Él se puso triste y lloró (11:32-37). Está bien llorar.

¿Cómo te sientes tú? ¿Estás enojado, preocupado, triste, frustrado, amargado, desilusionado, abrumado, lastimado o confundido? Mira los dibujos aquí abajo y pon un círculo alrededor del que se parece a tus sentimientos. Si no ves una foto de cómo te sientes, está bien escribirlo en la raya abajo y dibuja. Es importante darte cuenta cómo te sientes.

Me siento _____.

¡Me gustaría lastimarme por la manera que me siento!

Jesucristo no quiere que te hagas daño. En la Biblia, Jesucristo pidió a un niño pararse en medio de los seguidores. Nuevamente Él les enseñó que un niño es el más importante en el Reino de los Cielos (Mateo 18:1-2). Esto quiere decir que eres muy especial para Dios. Recuerda esto cuando tus sentimientos intentan apoderarse de ti.

Escoje una actividad para dibujar.

1. Ora y pide a Jesucristo que te ayude.
2. Habla con la persona que te cuida, un pastor de niños o un amigo.
3. Escribe tus pensamientos en una libreta.
4. Dibuja, colorea o pinta para expresar cómo te sientes.
5. Está bien ser un niño: Caminar, correr, trepar o jugar.
6. Otro...

Lastimar a otros

Jesucristo enseña a Sus discípulos y a otros "Ama a tu prójimo como a ti mismo" (Mateo 22:39). Es importante amar y cuidar de otros aun si sientes que quieres hacerles daño.

Pasos para evitar lastimar a otros
1. Escoje no echarles la culpa a otros.
2. Practica controlarte a ti mismo y no hacerle daño físico a otros.
3. Cálmate respirando profundamente antes de gritar o hablar mal con otros.

Colorea el dibujo abajo y mira si puedes llegar a todas las bases.

¿Cómo te sientes? Escribe tus pensamientos o habla de lo que estás pensando con alguien.

#4 Has llegado al consuelo de tus dolores

¡Ir de viaje puede ser emocionante! Tú has estado en un viaje atravesando los dolores y has llegado ahora al consuelo. Pasar los dolores y la tristeza no es fácil, pero tienes alguien para ayudarte. Tu Padre Celestial y Jesucristo están contigo y también el Espíritu Santo. Él te ayudará. Él te consolará, trayéndote paz (Juan 14:16 RVR1960).

En esta página, dibuja o colorea acerca de tu viaje.

Has pasado un largo camino. Escribe tus pensamientos acerca de tu viaje.

_____

_____

_____

_____

_____

_____

_____

_____

_____

_____

Mi oración por ti:

En el Nombre de Jesús, sanarás de haber perdido un ser querido.

Crece fuerte en Jesucristo

y recuerda que no estás solo en tu viaje.

Ven a Jesucristo-

Él te da la bienvenida con brazos abiertos.

El Padre Celestial se preocupa por ti

Y el Espíritu Santo te consuela.

Amen.

Printed in the United States
by Baker & Taylor Publisher Services